Walter Thierfelder

Gärten und Parks in Franken

FLECHSIG

Gewidmet meiner lieben Frau Helga

Die Pläne der Seiten 90, 91, 92 aus der Sammlung Eckert
wurden mit freundlicher Genehmigung
des Mainfränkischen Museums Würzburg abgedruckt.

Umwelthinweis:
Dieses Buch und der Umschlag wurden auf chlorfrei
gebleichtem Papier gedruckt.
Die Einschrumpffolie – zum Schutz vor Verschmutzung –
ist aus umweltverträglichem und recyclingfähigem PE-Material.

Sonderausgabe für Flechsig-Buchvertrieb
Genehmigte Lizenzausgabe für
Verlagshaus Würzburg GmbH & Co. KG, Würzburg 2002

Gesamtherstellung: Egedsa, Sabadell
ISBN 3-88189-462-4

INHALT

EINLEITUNG

Die Sehnsucht nach dem Paradies

Am Anfang war das Paradies (ein aus dem Altpersisch entlehntes Wort, das »Garten« bedeutet), der Garten Eden. Der Mensch war glücklich. Der Mensch wurde aus dem Paradies vertrieben – er erschafft nun seine eigenen Paradiese: Parks, Gärten, Bezirke für sein Glück. Die Welt wird umgestaltet, Naturland wird zu Idealland ummoduliert – Paradiesinseln, ausgespart aus der Arbeitswelt, der »bösen« Welt. Das Ideal des Paradieses ist verschieden nach Kulturen, Zeiten, Geschmack – eingebettet in den Weltenlauf. Herausgenommen, entnommen aus Streit und Sorge schafft sich der Mensch ein Stück heile Welt. Die Paradiesgärten eingefriedet, mit erlesenen Blumen bestückt, um Madonnen gemalt, erinnern im Mittelalter an die jungfräuliche Erde. Jede Zeit schuf, schafft sich ihre Gärten, und die Landschaften werden mit Gärten geschmückt.

Gartenland Franken

Eine gartengesegnete Landschaft ist Franken. Franken selbst ist ein großer Garten, von Jahrhunderten gestaltet. Die Vielfalt der Landschaft reicht von den tiefen Wäldern des Spessarts, den lieblichen Flußauen des Mains, den freien Höhen der Rhön bis in die Groteske der Fränkischen Schweiz.
Der Reichtum an Gärten ist so groß, daß er dicke Bände füllen könnte. Um eine Übersicht zu bekommen, kann man für *einen* Bildband nur Beispiele herausgreifen aus der Fülle. Bedenkt man, daß es von der Rhön über die Haßberge bis nach Oberfranken zig Schlösser gibt, die meisten mit Gärten ausgestattet, daß es in Franken zwölf Heilbäder mit wunderbaren Parkanlagen gibt, so wird sofort begreiflich, daß hier nur eine Auswahl aus dem reichen Angebot gebracht werden kann.
Daß dabei die Schöpfungen der drei ganz großen Gartengenies im Mittelpunkt stehen, versteht sich. Es sind dies die Gärten der Fürstbischöfe Lothar Franz von Schönborn, Adam Friedrich von Seinsheim und der Markgräfin Wilhelmine von Bayreuth. Man muß sich vorstellen, bereits mit 22 Jahren verschrieb sich Lothar Franz der Gartenkunst und ließ einen Prachtgarten in Gaibach anlegen. Allerdings, viele der Gartenschöpfungen des Barock können wir heute nicht mehr in ihrem ursprünglichen Zustand bewundern, sie sind verfallen, verändert, oft dem Zeitgeschmack zufolge in englische Gärten umgewandelt worden. Um sich etwas von der einstigen Grandiosität vorstellen zu können, wurden in den Text des Bandes Gartenbilder des 18. Jahrhunderts eingebracht. Fürstbischof Lothar Franz von Schönborn war so stolz auf

seine Gärten, daß er eigens einen Künstler berief, der seine Schöpfungen in Bildern festhielt, Salomon Kleiner. Zweieinhalb Jahre lang zeichnete Kleiner an den Gärten von Gaibach, Pommersfelden, Seehof und Favorit in Mainz, und so ist es heute möglich, die verschwundenen Barockgärten an Hand der erhaltenen Kupferstiche lebendig werden zu lassen. Für Adam Friedrich von Seinsheim, dem Initiator herrlicher Rokokogärten, zeichnete der böhmische Gartenarchitekt Johann Prokop Mayer unermüdlich Pläne für den Würzburger Hofgarten, Wunschträume, die nicht alle erfüllt werden konnten. Aber die drei Abbildungen auf den Seiten 90/91/92 geben uns eine Vorstellung davon, wie der Garten geplant war.

Dieses Buch will in erster Linie ein Schaubuch sein, will die Schönheit, Atmosphäre fränkischer Gärten in poetischen Bildern wiedergeben. Der begleitende Text will die Geschichte und das Verständnis der Gärten erschließen. Neben der Freude am Bilderlebnis geht es darum, eine Übersicht, Beispiele des großen Gartenangebots zu bringen.

Ziel der Bilder und des Textes ist es, etwas vom Zauber fränkischer Gartenlandschaft lebendig werden zu lassen. Möge das Buch Anregung zur Besichtigung fränkischer Gärten geben, die Augen öffnen für die Schönheit, den Zauber dieser Oasen der Stille und damit Zugang zu fränkischen Gartenparadiesen schenken.

Ein Prachttor führt neben der Hofkirche in den Würzburger Hofgarten. Geschaffen hat es Johann Georg Oegg aus Silz in Tirol.

Der Südflügel der Residenz, davor die Kirschbaumallee. Links im Schatten der Raub der Europa.
Seite 11: Zweihundertjährige, kegelförmig zugeschnittene Eiben umstehen im Südgarten den Felsenbrunnen; darunter die Figuren der Jahreszeiten.

Der Südflügel der Residenz, die Eiben, der Brunnen — ein Hofgartendreiklang, im Sommer, im Winter.
Seite 12/13 unten: Der Raub der Prosperina, der Felsenbrunnen im Gegenlicht.

Die Laubengänge mit den Kinderfiguren von Joh. Peter Wagner.
Seite 15: Treppen und Balustraden mit klassizistischen Skulpturen gliedern die Wände der einstigen Bastion.

Licht spielt auf scherzenden Kindern
und steinernen Vasen.
Unten: Von der Bastion geht der Blick über den
Südgarten zur Michaelskirche.

Treppen, ein wesentliches Gestaltungsmittel der Gartenkonzeption.

Im Herbst ist der Hofgarten eine Farbensymphonie.

JULIUSSPITALGARTEN

Aus dem einst im geometrischen Stil angelegten Ziergarten beim Juliusspital des Fürstbischofs Johann Philipp von Greiffenclau ist ein Erholungsgarten mit schattigen Bäumen und Büschen geworden, in dessen Mitte der älteste Barockbrunnen Würzburgs, der Vierströmebrunnen des Jakob van der Auvera, plätschert.

Zwischen Ringpark und Hofgarten wurde 1890 Klein Nizza angelegt
mit einem künstlichen Wasserlauf und einem Ententeich.

Der Ringpark entstand an Stelle der rechtsmainischen Befestigungen nach den Plänen des schwedischen Landschaftsgärtners Jens Person Lindahl mit Baumgruppen, Hecken und Durchblicken. Arthur Schlegelmünig schuf 1914 dazu einen mit Putten geschmückten Brunnen.

Seite 22/23: Den Fürstengarten des Fürstbischofs Johann Philipp von Schönborn von etwa 1650 auf der Festung Marienberg mit acht Blumenparterres und einem Springbrunnen schmückte Fürstbischof Greiffenclau mit zwei doppelläufigen Treppen und Brunnenschalen. 1937 pflanzte man dann Rosen in die Beete.

In Rot und Gelb leuchten die Rosen mit der Bezeichnung »Würzburg« im Rosengarten am Fuße des Marienbergs. Anläßlich der Landesgartenschau wurde eine bereits vorhandene Anlage von 1927 ausgebaut und erweitert.

Unweit des Rosengartens wurde zur Landesgartenschau ein Japanischer Garten geschaffen, der im Kleinformat die Region um Würzburgs Partnerstadt Otsu mit dem Biwasee und dem angrenzenden Gebirge darstellt. Granitblöcke aus dem Fichtelgebirge und Steinlaternen aus Otsu sind Gestaltungsmittel des Gartens der Meditation.

Tropische Pflanzen in Gewächshäusern, etliche Seerosenteiche, Trockenrasen, mediterrane Flora und vieles mehr findet man im Botanischen Garten auf dem 7,5 Hektar großen Gelände am Mittleren Dallenbergweg am Stadtrand von Würzburg. Mit wenigen Schritten kann der Besucher von Kontinent zu Kontinent Darstellungen des Pflanzenbewuchses bewundern.

Der Parnaß und die Lindenallee sind zwei Hauptakzente des Veitshöchheimer Hofgartens.

Zugeschnittene Hecken und Bäume in Verbindung mit den ausladenden Weiden am Großen See ergeben eine ungewöhnliche Kombination. Unten: Seeungeheuer umgeben den Parnaß.

Der Herbst, eine der schönsten Figurengruppen des Gartens.

Auf der Schloßbalustrade zwischen Urnen balgen sich zwei Kinder, und ein Kind reicht einem kleinen Hund einen Knochen. Meisterwerke Joh. Peter Wagners.
Unten: Die Südtreppe zum Parterre des Schlosses bewachen Sphingen als modisch kostümierte und frisierte Damen.

Musenfiguren und Ziervasen auf der südlichen Futtermauer.

Seite 34 oben: Faun und Genie
Unten: Asien, türkischer Padischah mit Turban, daneben Afrika, Mohr
Seite 35 oben: Tänzer, modisch gekleideter Herr mit Zopf; er hält beim Tanz den Dreispitz an die Hüfte
Unten: Tanzende Kinderfigur mit Kopfputz, Haube und kleiner Mantille, erwachsene Tänzer nachahmend.

Runder Pavillion mit Rokoko-Holzbank.
Seite 37: Chinesisches Häuschen.

Antike Ruinen, dahinter Grottenhaus und Belvedere.
Unten: Minerva in der Fichtenallee
Seite 39: Seewidder mit zwei Faunenkindern.
Unten: Hermenpilaster mit Büsten

Blumenteppich, dahinter der Arkadenbau von Friedrich von Gärtner, überragt vom Regentenbau – *das* Assemblee des Kissinger Kurgartens.

Efeu, Putten, Brunnen, Blumen, Diana, Venus, Perseus und Hermes
machen den stillen Zauber des Schmuckhofes im Regentenbau aus.

Blumenarrangements vor der Spielbank führen in den Luitpoldpark.

Weite Wiesen, herrliche, alte Bäume geben sich wie ein Gemälde.

Rosen und Wasserspiele — ein Kürzel für Rosengartenzauber. Unten: Ein kleiner Bach, umrahmt mit Steinen, Blumenrabatten — alles strahlt Ruhe aus, bildet eine Atmosphäre der Erholung.

Ist die Sphinx in Veitshöchheim eine aufgeputzte Hofdame, so strahlt die Sphinx in Schönbusch klassizistische Abgeklärtheit aus.
Oben rechts: Kotzerbrunnen von 1790.

Über dem See liegt das zweigeschossige Schloß, das 1778–1782 nach Plänen des Hofarchitekten Emmanuel Joseph von Herigoyen entstand.

Skulptur (Darstellung der Armut), dunkle Büsche, Bäume und die Gartenfront des Schlosses Weikersheim vereinen sich zum barocken Kunstwerk.

Auf den Balustraden stehen Zwergenfiguren, die den Hofstaat des Grafen Carl Ludwig karikieren.

Wie ein Bühnenbild staffeln sich im Gegenlicht Balustrade,
Figuren, Bäume bis zur Orangerie, dem Abschluß des Gartens.

Um die zentrale Brunnenfigur des Herakles, der mit dem Löwen kämpft, entfaltet sich der Garten mit seinen olympischen Göttern.

Frühling, Sommer, Ares umstehen den Halbgott Herakles, in dem der regierende Fürst geehrt wird, umgeben von kosmischen, mythologischen Gestalten.

Die Orangerie wurde niemals vollendet, dennoch ist sie imposant.

Dort, wo einst die Burg stand, die der romantischsten Stadt Deutschlands den Namen gab, legte man 1828 auf dem nach drei Seiten steil abfallenden Burgterrain einen Garten an. Von dort hat der Besucher einen der herrlichsten Blicke von einem fränkischen Garten zur Silhouette der Stadt und ins Taubertal.

In Ansbach ist der Hofgarten streng auf die Orangerie ausgerichtet,
die zu den eindrucksvollsten Orangerien Deutschlands zählt.

Der Hugenottenbrunnen mit der steilen Figurenpyramide ist das verbliebene Glanzstück des einstigen Französischen Gartens.

Athene und Venus in einem Nürnberger Barockgarten.

Um Amor versammeln sich die Götter.

Der Neptunsbrunnen, ein großartiges Barockkunstwerk fügt sich harmonisch in die Gartenlandschaft.

Ein schlichtes Gartenparterre vor der Fassade des Schlosses von Pommersfelden erinnert kaum mehr an die einstige Pracht des ehemaligen Barockgartens.
Seite 65: Es gibt noch manch verwunschene, zauberhafte Stellen im Wildpark von heute.

Die Figuren von Ferdinand Dietz inmitten leuchtender Rosenpracht vor dem Panorama der ehemaligen Benediktinerabtei St. Michael machen den besonderen Reiz des Rosengartens aus.

Eine großartige Toranlage, eine Orpheusgruppe inmitten eines Weihers und ein etwas vergröberter Neptun über einer Kaskade sind die spärlichen Reste einer der schönsten Gartenanlagen des 18. Jahrhunderts.

Vom Morgenländischen Bau zum Felsentheater geht der »Tugendpfad« im Felsenhain.

In grandios-skurril geformten Felsen sah die Markgräfin Wilhelmine
den wilden Felsenhain der Insel Ogygia.

Ein stiller Zauber geht durch Bäume und über lichtbeschienene Felsen.

Liebevoll restauriert, mit einem Acrylharz-Anstrich versehen, wurden die Figuren am Eingang von Fantaisie. Vor dem Teehaus steigt aus dem Schnabel eines Schwanes steil ein Wasserstrahl.

Vor lichtdurchfluteter Baumkulisse empfängt Hermes den Besucher.

Das Schloß, dem immer wieder übel mitgespielt wurde,
soll ein Gartenmuseum aufnehmen.

Von der Schloßterrasse geht der Blick weit hinunter zum
waldgesäumten Wiesengrund.

Immer wieder sind es Treppenanlagen, die reizvoll in den Park hineinkomponiert wurden. Seite 79: Malerisch das »Fischerhäuschen« am Thalmühlweiher.

Pavillon aus Lattenwerk (Treillage),
frühes 19. Jahrhundert
Seite 81: Neues Schloß, der Sonnentempel
mit seinen Wasserkünsten.

Brunnenimpressionen im Park der Eremitage.
Rechts oben das Grabmal des Lieblingshundes der Markgräfin als antike Ruine.

Der Brunnen der Kaskaden. Springbrunnen vor dem alten Schloß aus dem 19. Jahrhundert.

Die Wasserspiele der unteren Grotte
sind noch vollkommen erhalten.
Seite 85: Eine Nymphengruppe, Delphine und
Putten entsenden silberne Fontänen.

Unterhalb der Balustrade des Schloßhofes von Tambach breitet sich ein weitläufiger englischer Landschaftspark mit malerischen Baumgruppen aus. Er wurde 1970 als Wildpark eingerichtet mit zahlreichen Wildgehegen für europäisches Hoch- und Niederwild.

MITWITZ

BIRKENFELD

Vor dem Torbau und der Verwaltung des Schlosses Mitwitz (Ofr.) kann man noch die Reste eines Schloßgartens mit Steinfiguren erkennen.
Rechts oben: Aus dem barocken Schloßpark in Birkenfeld (Haßberge) wurde Mitte des 19. Jahrhunderts von Julie Gräfin von Ortenburg-Wöllwarth ein dem Zeitgeist entsprechender romantischer Park mit der »weißen Brücke«.
Unten: Verwilderter Park mit Teehaus.
»komm in den totgesagten Park...« *(Stephan George).*

Man findet sie noch allenthalben in Franken, die Bauerngärten.
Überbordend mit Blumen hier ein Garten in der Rhön.

DER HOFGARTEN IN WÜRZBURG

Der Bau der Residenz war schon sehr weit gediehen, da hatte man den dazugehörenden Garten noch immer nicht im Griff. Das lag daran, daß man vor einem Problem stand, das für einen Barockgarten eigentlich unlösbar schien. Man hatte einfach nicht den Platz, daß sich ein repräsentativer, weitläufiger Park, wie er nun einmal zu einem Bau von solcher Bedeutung wie der Residenz gehörte, entfalten konnte. Unweit der prächtigen Fassade stand eine mächtige Bastion der Stadtbefestigung im Wege, und sie konnte man aus Sicherheitsgründen keineswegs entfernen. Etliche Bauherren und Gartenarchitekten hatten Versuche unternommen, es war auch schon einiges erreicht worden, aber alles lief schleppend, schwierig, bis ein Gartennarr als Bauherr und ein erfahrener Gartenarchitekt zusammenkamen. Der Bauherr war Friedrich von Seinsheim, der den Park von Seehof schuf und den Rokokogarten in Veitshöchheim, der Gartenmeister war Johann Prokop Mayer, geboren bei Prag, ausgebildet in Frankreich und England, der unermüdlich immer neue Pläne für den Hofgarten entwarf. Allen seinen Plänen, wie auch den Plänen seiner Vorgänger lag der Gedanke zugrunde, das Befestigungsstück beim Ostgarten für eine Terrassenanlage zu nutzen. Kein geringerer als Balthasar Neumann hatte schon 1730 die geniale Idee, aus der Not eine Tugend zu machen, und auf dem Scheitel des Walls eine Höhenpromenade mit Blick auf den Hofgarten zur Residenz und in die Landschaft anzulegen. Das schwierige Gelände mit dem »seltsamen zig-zack der Festungswerke« beim Ostgarten wurden glänzend in die Gartenplanung eingebunden. Die bald zehn Meter Höhe der Bastion wurden durch Treppen und Rampen überwunden, und Mayer wendete alles auf, um den Garten als eine stolze Schöne des Hofes mit allem Schmuck und allem Putz vorzustellen.

Es ist reizvoll, Pläne Mayers zu studieren, begegnet man doch dort den vielfältigen Elementen der Gartenkunst des 18. Jahrhunderts. Beim Plan des Ostgartens von 1773/74 entwickelte er vor dem Gartensaal der Residenz eine Folge von Gartenräumen, die Weite und Tiefe vermitteln. Den Vordergrund jenseits der breiten Promenade nimmt ein mit einem Fontänebekken bestücktes »bowling green« ein, dahinter folgen Laubengänge, die in der Mitte einen Durchgang und Durchblick zu einer Terrasse mit geschwungener Stützmauer erlauben, die durch eine italienische Kaskade mit Fontänebassin abgeschlossen werden sollte. Rechts und links davon führen Rampen zu einer zweiten Terrasse mit einer Kaskade, und schließlich war geplant, auf die Spitze der Bastion einen zierlichen Gartenpavillon zu stellen. Eine reizvolle Komposition; mit einiger Vorstellungskraft kann man sich heute noch in die Gegebenheiten hineindenken.

Jean Mayer, Plan Würzburg, Hofgarten, Ansicht der östlichen Gartenanlagen, 1773/74

Auf den Steingeländern und Balustraden und in den Laubengängen waren Vasen und Putten vorgesehen, und es war eine Sternstunde für den Hofgarten, daß für diesen Figurenschmuck ein großer Bildhauer zur Verfügung stand, der wie kein anderer es verstand Kindergruppen zu gestalten, Peter Wagner. In die ausgeschnittenen Rundbogen der Laubengänge stellte er zwölf Puttenpaare, die die zwölf Monate darstellen. Für die Brüstungen schuf er Urnen, Vasen, Putten, Savoyardenknaben, deren Vorbilder mit Drehorgel und Murmeltieren, Bürsten und Besen für geringen Verdienst damals in Franken umherzogen.

Der »Prospekt Des Prächtigen Residenz Gartens Wie solcher Von dem Grosen Cavalier Saal gegen Dem Grosen Orangen Haus an Zu sehen ist« von 1773/74 zeigt jenseits eines mit Kübelbäumen gesäumten Querweges ein dreieckiges Parterre, in das zwei Ovale mit Skulpturen, wohl der »Raub der Europa« und der »Raub der Prosperina« eingezeichnet sind. Rechts und links des Parterredreiecks setzte Mayer Obstbäume, so daß ein optischer Zug in die Gartentiefe entstand und der Blick auf ein Fontänebecken gelenkt wurde. Um das Fontänebecken bildet sich ein zweiter Gartenraum, und dahinter folgt ein Heckengarten als

Jean Mayer, Plan Würzburg, Hofgarten, südliche Gartenanlagen, 1773/74

dritter Raum. Hinter einem großen Orangenhaus, »mitten durchbrochen«, sollte am Schluß des Gartens eine »doppelte Tarasierung« erscheinen, »mit einem Colonat Gang, Mit Dreyen von Tuftsteinen Cabinetern mit Esopischer Fabel von dem Vogels König nechst Spring wäßern.«

Die Ornamente im Mayerschen Plan sind heute stark vereinfacht, die Statuen anders gestellt. Statt des geplanten Figuren-Fontänebrunnens finden wir jetzt einen schlichten Felsbrunnen, und die Tiefenwirkung leidet erheblich durch die massive Schließung mit der reizlosen Orangeriefront.

Fast 200jährige kegelförmig zugeschnittene Eiben, unter denen Plastiken der vier Jahreszeiten stehen, umgeben das zentrale Brunnenbecken. Auf den Rasenflächen blühen im Frühjahr verschwenderisch Magnolien.

Auf dem Eingangsweg, wenn man das prächtige Hoftor von Georg Oegg durchschritten hat, strömt einem dann aus der Kirschbaumallee lieblicher Blütenduft entgegen. Im Herbst übersät der mächtige Gingkobaum die Wiesen mit goldgelbem Laub.

Westlich an den Südgarten anschließend plante Mayer eine Gartenlandschaft, deren Bestandteile wir in ih-

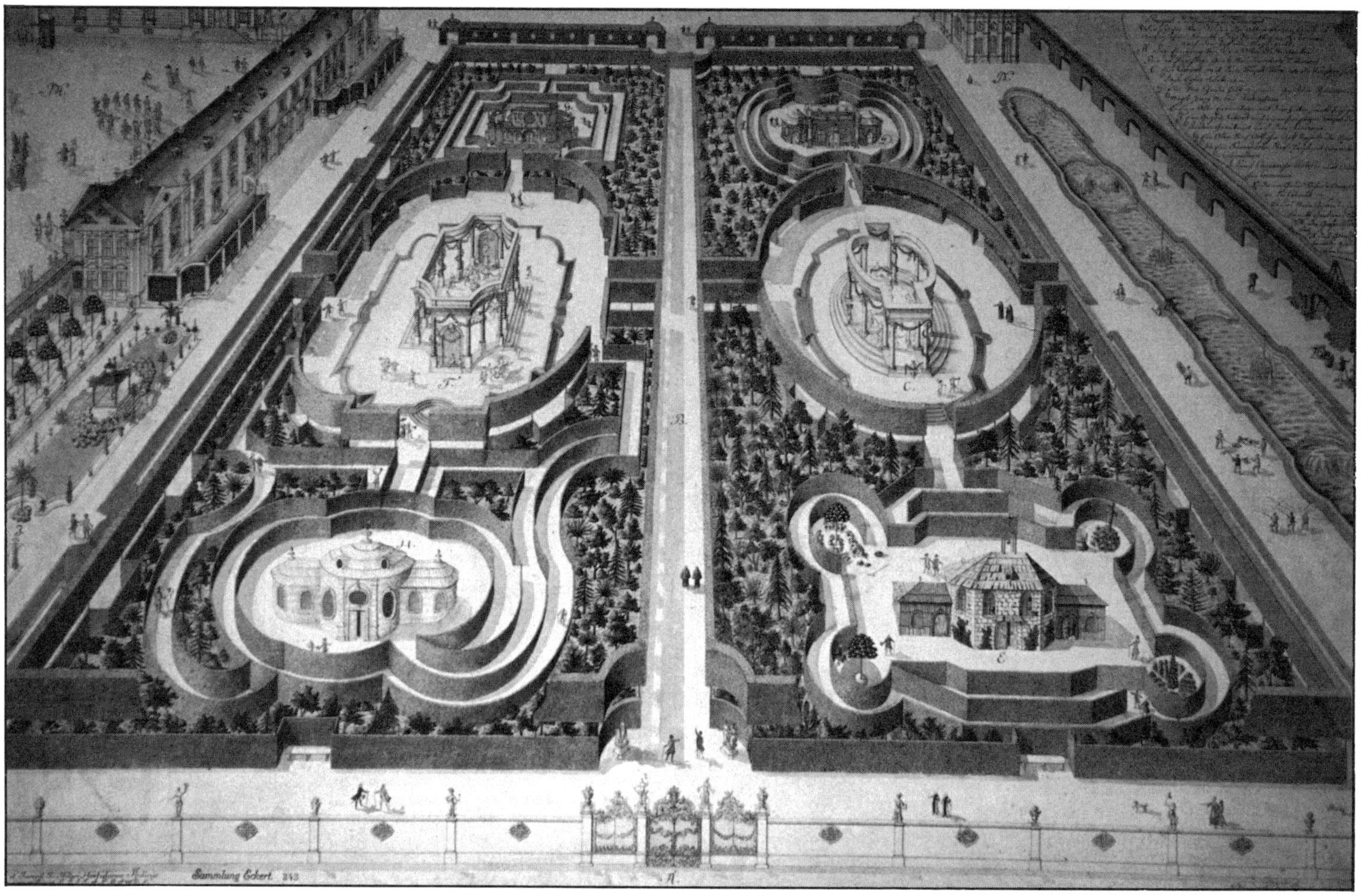

Jean Mayer, Plan Würzburg, Hofgarten, Ansicht des geplanten Irrgartens mit südwestlichem Gartenteil, 1773/74

rer Zusammenstellung als eigenartig empfinden. Da gab es ein Kabinett mit einem Tempel, besetzt mit Nymphen, daneben eine alte Eremitage, künstliche Ruinen, einen Bacchustempel und ein Strohhaus. Die Anlage war schon vor ihrer Fertigstellung durch die Veränderung des Zeitgeschmacks überholt. Der sparsame Fürstbischof Franz Ludwig von Erthal 1779–93, der allzeit um das leibliche und geistige Wohl seiner Würzburger besorgt war, ließ an Stelle des geplanten einen Park im englischen Landschaftsstil anlegen. Ein vom Fürstbischof gemachter Versuch, alle Teile des Hofgartens jedem zu erschließen, fiel nicht zur Zufriedenheit aus. Der Hofkammerrat Ulsamer ließ sich 1791 erbost über die »Unordnung und Ausschweifung des Publikums« aus, über die »Respektvergessenheit« vor allem der Studenten, »welche die meisten und größten Ungezogenheiten begehen und sich nicht wollen korrigieren lassen; sie scheuen sich nicht, mit der Tabakspfeife einherzugehen und hinten am Wall Karten zu spielen.«

Manche Episode aus dem Hofgarten gäbe es zu erzählen. Die Geschichte mit Lola Montez sollte nicht unerwähnt bleiben. Als im August 1847 die große Altersliebe König Ludwig I., Lola Montez, von der Würzbur-

»A. Der Eingang von dem Alten Stadt-Graben. B. Der Prächtige Gantz Neu Inventirte Laborient. C. Ein Cabinet Mit dem Tempel Flore, wo die Nimphen selbsten das Opfer Wittmen. D. Ein von Scheider Holtz zusammen Gesetzter Ruinoser Bau Nechst zwey Neben Cabinettern. E. Eine Alte Eremitage mit dero Hütten sambt ihrige gärtlein. F. Ein Großes Cabinet mit einen Prächtigen Tempel dem Bachus gewittmet und Dero Cermonie. G. Ein Alter Nach Gothischer Arth vorstellender Ruin. H. Ein Inventiertes Stroh-Hauß mit zwey neben Cabinettern. I. Seint Chinaesische Parteres mit Chinaesischen Cermonien. K. Die im Grund Stehende Orangerie an der Colonad. L. Das Neue Gesanden Hauß Sambt Gärtners Logi. M. Der Große Residenz Blatz. N. Daß Glaaßhauß Sambt den Großen Waßer Canaal.«

ger Liedertafel unter der Leitung des Advokaten Dr. von Günther nach Würzburg eingeladen wurde, war die Stadt gegen Lola wegen ihres intriganten Mitregierens, das das Hungerjahr 1847 eingebracht hatte, so aufgebracht, daß schließlich die Wache am Hofgarten der Montez samt Hund den Zutritt verwehren wollte. Lola ohrfeigte den Soldaten und gab nicht nach, bis man Offiziere zur Vermittlung herbeibrachte.

Der Zutritt zum Hofgarten wird heute niemandem mehr verwehrt. Die Bürger Würzburgs und Frankens, die einst für die immense Summe von 1,5 Millionen Gulden (bei einem Gulden Wochenlohn eines Taglöhners) der Baukosten von Residenz und Hofgarten, bluten mußten, durften den Garten nicht benutzen.

Bei allem Verständnis dafür, daß man bei der Erbauung allenthalben murrte, aber was wäre Würzburg heute ohne Residenz und Hofgarten?! Die Residenz, in 60 Jahren erbaut, ist ein Gesamtkunstwerk von besonderer Prägung und Eigenart. Sie gehört dank ihrer architekturgeschichtlichen Stellung und ihrer Ausstattung zu den bedeutendsten Schloßbauten Europas, und Fürst Pückler-Muskau hat den Hofgarten »die schönste Anlage Deutschlands« genannt. Wenn alljährlich im Juni Tausende von Rosen vor der Gartenfassade blühen, wenn dann die Musik Mozarts erklingt, ist der Hofgarten sicher einer der schönsten Orte Frankens.

VEITSHÖCHHEIM

Wer sich intensiv mit Veitshöchheim beschäftigt, wird unweigerlich auf ein Problem stoßen, das sich im einzelnen so dezidiert bei anderen fränkischen Gärten nicht stellt. Es ist das Problem der Idee, des geistigen Programms, der Konzeption des Gartens.

Pauschal und vereinfacht kann man in etwa sagen, die Gärten des Barocks dienten der Repräsentanz, der Glorifizierung eines Fürsten; der Garten war die Erweiterung, der in die Landschaft hinein fortgesetzten Räume des Schlosses, er war, so weit das die örtlichen Gegebenheiten zuließen, streng auf das Schloß hin orientiert, konzentriert. Von der Aufgabe, der Funktion des Schlosses her, waren die Gärten ebenfalls angelegt, je nachdem, ob es sich um ein Residenzschloß, ein Sommerschloß, Jagdschloß, Lustschloß oder um eine Eremitage handelte. Es ist nicht Aufgabe des Buches, die Probleme eingehend zu erörtern, noch der Ort, alle Theorien auszuführen, aber bei Veitshöchheim sollte man sich wenigstens mit *einer* befassen.

Um einen Einstieg in die Materie zu finden, seien ein paar einfache Überlegungen angestellt. In Veitshöchheim haben wir es mit einer Reihe von Gartenelementen und einer Vielzahl von Gartenfiguren zu tun. Wir können wohl davon ausgehen, daß die Bauherren, die Fürstbischöfe in einem ausgesprochen ästhetischen Klima, einer geistigen Atmosphäre lebten. Sie waren souverän, gebildet, und über Gartenplänen saßen sie tage- und nächtelang. Sie diskutierten mit Architekten und Künstlern. Hinter allem stand ein geistiger Hintergrund, nennen wir ihn Zeitgeist oder Weltbild. Zu all dem ist kaum vorstellbar, daß ein Garten lediglich das Zusammenfügen von Teilen, äußerlichen Elementen war, wir müssen eher eine Gesamtidee erwarten. Ohne ausführlich vorgreifen zu wollen, sei kurz dafür ein Beispiel angeführt, Sanspareil. Absicht der Markgräfin Wilhelmine war es, auf der Grundlage der unverdorbenen Natur und mit Hilfe eines literarisch-historisierenden Bildungsstoffes eine moralisch-ethische *Idee* gartenkünstlerisch darzustellen. Dahinter stand die Naturauffassung der deutschen Aufklärung, für die Natur und Moral identisch waren.

In Veitshöchheim gehen die Meinungen hinsichtlich der *Ideen* auseinander. Auf der einen Seite formuliert Helmut Scharf (Die schönsten Gärten und Parks in Deutschland und Österreich, ETB, 1985 Econ Verlag) »Die Gartengestaltung soll nicht wie im Barock eine Idee, einen großartigen Gedanken verkörpern, noch soll sie einen Heros, z. B. den absolutistischen Herrscher feiern, sie ist auf den reinen Lebensgenuß ausgerichtet, auf Spiel und Spaß, auf Intimität und Überraschung.« Auf der anderen Seite wird die Theorie vertreten, hinter dem Park stünden Ideen der Freimaurerei oder eine philosophische Idee, wie sie der Veitshöchheimer Pfarrer Georg Karch in seiner Erklärung des Hofgartens »nach Platons Schule« (Würzburg 1866) annahm. Die wahrscheinlichste Deutung — sie wurde von Pfarrer Karch und dem Professor für Ästhetik Franz Joseph Fröhlich aufgestellt, und 1951 durch Carl Lamb wieder in Erinnerung gebracht, sie soll hier den folgenden Ausführungen zugrunde gelegt werden — ist die Theorie, daß in drei Regionen des Parks der Stand der Natur, der Stand der Kultur und der des absoluten höheren Strebens wiedergegeben werden soll.

Nun konkret zum Park. Im wesentlichen, abgesehen von einigen Zutaten im 19. Jahrhundert, beruht der heutige Park auf der Gestaltung des Fürstbischofs Seinsheim, die in der vorangegangenen Entwicklung bereits vorbereitet war. Die Anlage geht auf einen Jagdsitz aus der Echterzeit zurück. Zum 1680 bis 1682 nach Plänen von Petrini errichteten Schloß kamen Anfang des 18. Jahrhunderts umfangreiche Gartenanlagen. Unter Johann Philipp von Greiffenclau wurde die Grundstruktur des Gartens festgelegt. 1702/03 entstand die Schloßterrasse, das Gartenparterre und der große See. Der Tiergarten wandelte sich zum Zier- und Lustgarten, und mit Adam Friedrich von Seinsheim wird der Park zum bedeutendsten Rokokogarten Deutschlands um- und ausgestaltet. Johann Prokop Mayer fügte vermutlich einerseits in das bestehende System der Bosketts zahlreiche Gartenkabinette ein, andererseits straffte er die Komposition.

1765 wurde mit der Arbeit begonnen. 1768 war das Programm der drei Regionen, der Wald-, Lauben- und Seenregion schon fast vollendet.
Jetzt beleben bald 200 Skulpturen der Hofbildhauer Johann Wolfgang van der Auvera, Ferdinand Dietz und Peter Wagner den Garten. Im großen See schafft Ferdinand Dietz den Parnaß als eine musische, zum Himmel gerichtete Ordnung mit dem sich zum Himmelflug aufbäumenden Dichterroß Pegasus als Symbol. Um den Musenberg tauchen aus der Tiefe des Sees wasserspeiende Ungeheuer auf. Um den See stehen in Heckennischen olympische Götter als Hüter göttlicher Ordnung sowie die Allegorien der Künste und der Jahreszeiten.
Nach der Region der Götter und Künste folgt nach Osten hin in den Lauben die Darstellung der höfischen Welt, der Kulturwelt. Hier begegnen wir Sinnbildern der Jahreszeiten und der Poesie, Kinderpaare tanzen Menuett und musizieren, imitieren die Welt der Großen; alles mit dem unvergleichlichen Charme von Ferdinand Dietz. Da gibt es Naturgottheiten, Repräsentanten exotischer Völker, Monatsallegorien, Faune, Nymphen. Immer wieder vermittelt der Garten durch die vielen überraschenden Durch- und Querblicke in den Heckenquartieren einen ganz besonderen Reiz. Dazwischen Heckensäle, Heckenkabinette und Pavillons. Im Figurenschmuck spielen Motive von Repräsentation, Galanterie und Maskerade, aber auch poetischer Stimmung ineinander.
Ganz anders die anschließende Waldzone. Tiere und naturhaft drastische Komödianten treiben da ihr Spiel. Auf einem Wiesenplatz stehen Tierfabelgruppen, chinesische Häuschen in dunklem Fichtengehölz.
Zuletzt blieb noch die künstlerische Ausgestaltung eines dreieckigen Reststücks übrig. Man legte eine Kaskade als Gegenstück zum Parnaß an.
Ferdinand Dietz war wieder nach Seehof, von wo er vor Jahren gekommen war, zurückgekehrt, um dort sein riesiges Gartenskulpturenprogramm zu vollenden. Peter Wagner, der sich 1756 beim Bildhauer Wolfgang van der Auvera als Geselle beworben hatte, 1771 zum Hofbildhauer ernannt, wurde von Seinsheim mit der Gartenplastik in Veitshöchheim betraut. Ceres, Apoll, Chronos, Bacchus und Venus meißelte er in den Formen des aufkommenden Klassizismus. Mit den Puttengruppen auf den Balustraden am Schloß schuf er die bedeutendsten Darstellungen des Kindes in der deutschen Kunst.
Mit einem Grottenhaus samt Belvedere und einem Gittertor von Johann Anton Oegg am südlichen Ende der Lindenalle war die große Bauperiode des Juwels der Gartenkunst beendet.
Schon während der Phase der Vollendung wurde der Lustgarten ästhetisch wie gesellschaftlich nicht mehr als zeitgemäß empfunden. Beim sparsamen Fürstbi-

schof Franz Ludwig von Erthal siegte der Nützlichkeits- und Sparsamkeitssinn der Aufklärung über das Rokoko; der Garten verfiel. Dem Geschmack der Zeit entsprechend wurde später der große See mit Trauerweiden und Eschen umsäumt, Platanen an die Ecken des kleinen Sees gepflanzt, und das Parterre am Schloß erhielt Weiden und Magnolien. Und so ist der Park bis heute geblieben.
Alljährlich kommen von weit her Tausende von Besuchern, den Zauber des Gartens zu erleben. Es ist der Zauber eines geformten, gehobenen Seins, das Geheimnisvolle, Unfaßbare, das uns im Dämmern der Bosketts anrührt. Wir hören die unsichtbare Flöte des Pan und fühlen uns entrückt in eine Oase der Poesie, vielleicht die Welt der Zauberflöte.

BAD KISSINGEN

Es war 1738, ein Jahr nachdem Balthasar Neumann den Rakoczybrunnen entdeckt hatte, als die Kissinger einen Kurpark anlegten, um zu den heilenden Quellen heilende Natur in die Kur einzubringen. Fast hundert Jahre später, ab 1833 kam die Wittelsbacher Königsfamilie zur Kur, und von da an entstanden die wichtigsten Kurgebäude: der Arkadenbau, das Luitpoldbad von Friedrich von Gärtner, ab 1905 das Kurtheater und der Regentenbau, der idyllische Schmuckhof nach Entwürfen von Max Littmann und 1913 dann beim Damm der Ludwigsbrücke das Rosarium, der heutige Rosengarten.
Vor den Arkaden legte man den Kurgarten an mit schattigen Bäumen und Blumenbeeten, die jährlich mehrmals in der Bepflanzung wechseln. Gemächlich wandeln hier die Kurgäste, Trinkgläser in Händen, dem Kurkonzert lauschend.
Eine Oase der Stille der Schmuckhof im Regentenbau. Diana, Venus, Perseus und Hermes stehen an den Ekken des Gartenhofes, heitere Putten, silberne Wassersträhnen zaubern eine Atmosphäre entspannender Gelassenheit und manchmal, an lauen Sommerabenden erklingen bei Kerzenbeleuchtung Serenaden. — Der Schmuckhof, fürwahr ein Kleinod Kissingens.
Verläßt man den Arkadenbau, geht über einen blumengeschmückten Eisensteg mit herrlichem Blick zur Ruine Bodenlaube, so kommt man zum Spielkasino, wo der weitläufige Luitpoldpark, 30 Hektar groß, beginnt. Malerische Baumgruppen stehen auf samtenen Rasenflächen, versteckte Sitzgruppen unter bunten Sträuchern spenden erholsame Ruhe. Promenaden ziehen durch Wiesen, laufen unter alten Bäumen an den Ufern der Saale entlang. Hier führte Kaiserin Elisabeth von Österreich, die bayerische »Sissi« den blinden Herzog von Mecklenburg; hier spazierten einst der Maler Adolph Menzel, Bismarck, Kaiser,

Könige, Fürsten, Russen, Österreicher, Engländer. Im Wasser spiegeln sich Schwäne unter tief herabhängenden Ästen.
Geht man unter der Ludwigsbrücke hindurch, kommt man zum Schweizersteg, über den man zum Rosengarten gelangt. Im Rosengarten bietet Kissingen eine verschwenderische Fülle an Blumen auf, ein betörender Duft von abwechslungsreichen Rosenteppichen liegt über allem. Die Saale, von alten Weiden umsäumt, begleitet die ganze Herrlichkeit. Und hochauf strahlen die Wasserspiele, verbreiten angenehme Kühle an heißen Tagen. Hier ein kleiner Steg aus Birkenstämmen, beliebtes Motiv für Erinnerungsfotos; auf dem Bach darunter lernt der Schwanennachwuchs das Schwimmen; gleich daneben unter schattigen Kastanienbäumen genießt man gerne Kaffee und Kuchen. Alles atmet Lässigkeit, Geruhsamkeit, Wohlbehagen.

ASCHAFFENBURG · PARK SCHÖNBUSCH

Der Park Schönbusch bei Aschaffenburg wird mit seinen 168 Hektar wohl der größte fränkische Park sein. Er kann aber auch noch einen zweiten Superlativ für sich in Anspruch nehmen: Unter Friedrich Ludwig von Sckell, dem Schöpfer des »Englischen Gartens« in München, wurde er zum frühesten klassischen Landschaftsgarten in Deutschland ausgebaut.
Es war der Mainzer Kurfürst Friedrich Karl Josef von Erthal, der ab 1775 einen bestehenden Wildpark im Nilkheimer Wäldchen zu einem Landschaftspark ausbauen ließ. Er berief Wilhelm Reichsgraf von Sickingen, von dem er wußte, daß er ein Gartenliebhaber war. Zur Unterstützung des Grafen, der Offizier gewesen war, wurde der portugiesische Architekt Emmanuel Joseph d'Herigoyen engagiert, der Gärten in Frankreich, England und Deutschland studiert hatte. Dies war keine ideale Entscheidung, denn der Graf war ein schwieriger Mann, der nur seine Ideen gelten ließ. Er legte sich deshalb laufend mit Herigoyen an. Sickingen begeisterte sich an seinem See, den er ausheben ließ, machte sich aber über Felsen, die der Architekt aufstellen ließ, lustig. Herigoyen entwarf ein Schlößchen; Sickingen wollte es ausgemalt haben, Herigoyen aber entschied sich für Stukkaturen. Schließlich verließ Sickingen den kurfürstlichen Hof.
1785 berief man Friedich Ludwig Sckell. Er war »Hofküchengärtner und Hoflustgärtner« am Hofe Kurfürst Karl Theodors von der Pfalz gewesen. Sckell führte das Gartenprogramm seines Vorgängers fort, konsequent verfolgte er die klassischen Regeln eines Landschaftsgartens. Großzügig werden geschwungene Wege geführt mit wechselnden Ausblicken und per-

spektivischen Überschneidungen. Aber Sckells Plan, das ganze Mainknie, an dem Schönbusch liegt, in einen Landschaftspark zu verwandeln, konnte dann doch nur zum Teil verwirklicht werden.
Schönbusch ist idealisierte Landschaft, eine Wohltat für uns Heutige, da unsere Landschaft immer zersiedelter, häßlicher wird; mit dem Pathos vom »Tempel der Freundschaft«, dem »Philosophenhaus« haben wir es da meist schon etwas schwerer.

SCHLOSSGARTEN WEIKERSHEIM

Aus zwei Gründen wurde Weikersheim in den Band aufgenommen, obwohl es heute nicht mehr in Franken liegt: Zum einen, weil es einst zu Franken gehörte, es nur ein Katzensprung von der Grenze Frankens nach Weikersheim ist und sich ein Besuch des Parks bei der Besichtigung des nahegelegenen Rothenburg anbietet. Zum andern, weil der gut erhaltene barocke Schloßgarten in seiner Geschlossenheit und seinem nahezu vollständig erhaltenen Figurenprogramm die Gartenlandschaft Frankens glänzend ergänzt — er ist unbedingt sehenswert.
Bereits das Entree ist bemerkenswert: Vom Marktplatz, der schon als Vorbereich des Schlosses angelegt ist, geht man durch die 1729 unter Graf Carl Ludwig von Johann Christian Lüttich errichteten Arkadenbauten, eine kleine Cour d'honneur, an den Statuen der Gerechtigkeit und des Burgfriedens vorbei, über eine Brücke zum Eingang des Schlosses. Unmittelbar über dem Burggraben der Marstall mit seinen fünf Zwerchgiebeln, der zusammen mit dem Arkadenbau »eine Folge von Schauarchitekturen, welche sehr geschickt einen Ersatz für die nach dieser Seite fehlende Fassade des Schlosses bringt« (nach Dehio).
Zur Einstimmung auf den großen Hofgarten geht man an einem kleinen Garten mit Statuen vorbei durch den Ostflügel in den Burghof mit seinen steilen Mauern, dem Löwenbrunnen, durch das Portal des Langenburger Baues und steht dann geblendet vom Licht des Parks und der Landschaft auf einer Terrasse, rechts und links hoch flankiert von Herakles und Zeus; und dann baut sich die Architektur des Gartens vor einem auf: Zuerst Balustraden, die den Garten zum Schloßgraben hin abschließen mit Zwergenfiguren, die den Hofstaat des Grafen Carl Ludwig (1713/14) karikieren. Da gibt es den Hofjägermeister, den Faulpelz, den Trommler, den Hofjuden »Lämmle Seeligmann« und manch andere spöttische Phantasie des Grafen und seines Hofarztes.
Danach folgen die Statuen der vier Winde und vier Elemente auf dem mittleren Hauptweg. Vorbei an Athene, Bacchus, Artemis und Apoll gelangt man zur zentralen Brunnenfigur des Herakles, der mit der Hy-

dra kämpft, um ihn olympische Götter, die vier Elemente, die vier Jahreszeiten und allegorische Figuren. Herakles steht für den regierenden Grafen, eingeordnet in kosmische und mythologische Dimensionen.
Die Mittelzone des Parks wird flankiert von zwei Kastanienalleen, davor mythologische Figuren.
Der Garten findet seinen krönenden Abschluß mit der Orangerie (1719–23). Der niemals vollendete Bau mit den beiden Kolonnaden gibt in der Mitte den Blick frei ins Taubertal, er hat die Funktion eines kostbaren Bilderrahmens. Die Orangerie war aber auch mit ihren halbkreisförmigen Kolonnaden eine Bühne für das im Zentrum stehende Reiterdenkmal des Grafen Carl Ludwig, das 1865 beseitigt wurde. Dem Herren des Landes huldigten himmlische und irdische Mächte, dargestellt im Figurenschmuck der Orangerie: in den Nischen unter anderem Alexander, Augustus, Athene, Artemis, Hera und Aphrodite, auf den Balustraden darüber sitzend Zeus, Herakles, Hermes, Poseidon, Ceres, Apollon, Hephaistos und Aiolus.
Der Schloßgarten, so wie wir ihn heute erleben, wurde anstelle eines Renaissancegartens unter Graf Carl Ludwig angelegt. 1708 wurde mit den Arbeiten nach dem Entwurf des Nassau-Saarbrückschen Hofgärtners Matthieu begonnen. Dieser Garten war noch nicht vollendet, als infolge der Vermählung des Grafen mit Elisabeth Friederike Sophie im Jahre 1713 die Planungen neue Anregungen erhielten; denn die Gräfin riet dem Architekten Johann Christian Lüttich zur Errichtung einer Orangerie. Vom Beginn der Erstellung des Gartens bis 1725 wurden die Skulpturen von Johann Jakob Sommer und seinen drei Söhnen geschaffen.
Der Garten zählt zu den frühesten Barockgärten Frankens. Die Prachtgärten von Lothar Franz von Schönborn, die aus der gleichen Zeit stammen, sie sind untergegangen; so ist uns Weikersheim ein wichtiges Zeugnis der Anfänge fränkischer Barockgartenkunst.

ANSBACH · HOFGARTEN

Wie viele andere Hofgärten, so hat auch der in Ansbach eine Vorgeschichte. Den Anfang machte ein Burggarten, der zu einer Wasserburg gehörte und Mitte des 16. Jahrhunderts entstand. Dann wurde die eigentliche Keimzelle des heutigen Hofgartens angelegt, ein botanischer Garten unter Markgraf Georg. Diesen Garten benötigte dringend der Leibarzt des Markgrafen, Doktor Leonhart Fuchs, denn ein Heilkräutergarten war für ihn unerläßlich für seine Experimente. Die von ihm gezüchtete Fuchsia trägt seinen Namen.
In der Folgezeit diente der Garten nur noch zum Teil botanischen Zwecken, er wurde vor allem als Schau-

platz höfischer Feste genutzt. Als dann Markgraf Wilhelm Friedrich sich den Graubündener Meister Gabriel de Gabrieli zum Neubau seiner Residenz holte, begann die große Zeit in Ansbach. 1705 wurden die Arbeiten begonnen, zehn Jahre später nahm der Meister seinen Abschied, da man sich wegen der Ideen nicht einigen konnte: Der Markgraf hatte einen französischen Geschmack, Gabriel de Gabrieli orientierte sich an Wien.

Die Markgräfin Christiane Charlotte setzte dann nicht nur den Bau des Ansbacher Schlosses fort, den ihr Mann Wilhelm Friedrich begonnen hatte, sie begann auch in ihrem ersten Witwenjahr 1723, einen Barockgarten anzulegen. Damals wie heute war der Hofgarten vom Schloß getrennt und hatte keine Beziehung zur Residenz.

Ausgerichtet wurde der Hofgarten auf eine Orangerie, die zu den eindrucksvollsten deutschen Orangerien zählt. Das imposante Bauwerk wurde von 1726 bis 1743 von Friedrich von Zocha errichtet, und die dem Park zugewandte Seite dem Grand Trianon von Versailles nachempfunden. Vor der Orangerie wurde ein vierteiliges Parterre angelegt, das in letzter Zeit erneuert wurde und mit seinem Springbrunnen die klassische Ansicht der 100 Meter breiten Fassade des stattlichen Baues der Orangerie bildet.

Nach Süden hin wird das Parterre durch eine Lindenallee fortgesetzt, die an einem Wasserbassin mit Fontäne von einer weiteren Doppelallee gekreuzt wird. Die 550 Meter lange Querachse verläuft von Westen nach Osten, wo sie in einem Baumrondell endet. Die 1724 gepflanzten Linden der Alleen wurden bis 1780 kastenförmig in vier Meter Höhe gestutzt und wuchsen seitdem zum vielgepriesenen »Lindendom« zusammen. Im englischen Landschaftsstil umgewandelten Park wurde am 17. Dezember 1833 unter mysteriösen Umständen Kaspar Hauser ermordet. An ihn erinnert ein Gedenkstein mit der Inschrift: »Hic occultus occulto occisus est« — hier wurde ein Unbekannter von einem Unbekannten ermordet.

Wenn auch viele alte Linden des Hofgartens durch Neuanpflanzungen ersetzt wurden, so ist ein Spaziergang unter den verbliebenen Zeugen der Vergangenheit heute noch ein Erlebnis. Gelangt man schließlich vom »Grünen Dom« vor die Orangerie, so versteht man, daß man früher und heute dort glanzvolle Feste feierte und feiert.

ERLANGEN · BAROCKGARTEN

Vom einstigen französischen Garten, der vor der Ostfassade des Schlosses Anfang des 18. Jahrhunderts angelegt wurde, und weit in Richtung zum Erlanger Meilwald reichte, ist nur noch das Parterre mit seinen Blumenrabatten geblieben. Das Glanzstück der barocken Anfangszeiten ist die herrliche Figurenpyramide des von Elias Räntz 1706 geschaffenen Refugiés- oder Hugenottenbrunnens. Ihn hatten Flüchtlinge aus Frankreich aus Dankbarkeit dafür errichtet, daß Markgraf Christian Ernst ihnen 1686 eine Stadt baute. Den einst weitreichenden Park verbaute man 1817 für Professoren und Studenten, trennte zwei Hektar aber 1828 für einen Botanischen Garten ab. Etwa acht Hektar wurden in einen Landschaftspark umgewandelt. Das größte Gartenfest Deutschlands wird in diesem Hofgarten jedes Jahr im Juni gefeiert.

NÜRNBERG

Im 15. Jahrhundert war es für Nürnberger Patrizier üblich, vor die Stadt zu ziehen und ihre respektablen Häuser mit ebensolchen Gärten zu umgeben. Die Häuser und Gärten entfalteten sich im Laufe der Zeit, und im Barock umgaben dann zahlreiche Gärten die Stadt, vornehmlich bei St. Johannis. Eine gepflegte Gartenkultur mit Wegen, Beeten, Hecken, Figuren entstand, mit Orangen- und Zitronenbäumchen und kunstvollen Bauten. An die 160 Gartenanwesen zählte man von der Johannisstraße bis nach Wöhrd.

1965 entschloß man sich, in Nürnberg einen Barockgarten, einen Bürgergarten, zu rekonstruieren. Man legte in der Johannisstraße 13 ein Parterre mit Ligusterhecken an, setzte dazu noch Taxuspyramiden in Kübeln und trug aus benachbarten, aufgelassenen Gärten Figuren des 18. Jahrhunderts zusammen: Merkur, Athene, Jupiter, Venus, dazu Apollo, Diana, Mars und Saturn. Nahe einem Gartenpavillon installierte man die Figuren der Asia und Europa, setzte in die Mitte einen kleinen plätschernden Springbrunnen mit Amor als Überwinder des Löwen, und all dies gibt nun heute eine Vorstellung, wie kunstsinnig vor Hunderten von Jahren Nürnberger Patrizier lebten. Nicht vergessen sei das kunstvoll geschmiedete, schwungvolle Rokoko-Eingangstor. Alles in allem, ein Arrangement, das sich heute vortrefflich als Kulisse für Hochzeitspaare eignet.

Der Stadtpark am Maxfeld

1882 fand in Nürnberg die erste Bayerische Landes-, Industrie-, Gewerbe- und Kunstausstellung statt. Auf dem Gelände dieser Ausstellung entstand dann später mit Hilfe einer Bürgerspende von 86 000 Mark der 18 Hektar große Stadtpark, umgeben von Wohngebäuden. Das weitläufige Gelände lädt zu jeder Jahreszeit zu Spaziergängen ein. Wurde der Park auch im Krieg stark beschädigt, so ist er doch ein Erholungszentrum für die Nürnberger Bürger mit seinen zum Teil hun-

Salomon Kleiner, Park von Schloß Weißenstein, Kaskade in der Stufe von der zweiten zur dritten Terrasse, Vedute von 1728

dertjährigen Bäumen, den Büschen, dem Teich und der verschwenderischen Blumenpracht (ein »Damenkomitee« hatte bei der Begrünung des Parks 2500 Mark für Rosen gespendet).
Glanzstück des Stadtparks aber ist der Neptunbrunnen. Er ist eine gelungene Kopie eines Brunnens, den der Goldschmied Christof Ritter entworfen hat, und von 1660 bis 1668 vom Bildhauer Georg Schweigger ausgeführt wurde. Wegen Wassermangel hatte man das barocke Kunstwerk niemals aufgestellt und es dann 1797 nach Rußland verkauft. Die oben erwähnte Kopie stellte man 1902 zuerst auf dem Marienplatz, am Hauptmarkt auf, bis man ihr schließlich einen angemessenen Platz im Stadtpark einräumte.

POMMERSFELDEN

Wer heute durch Münzeinwurf Zugang zum Park von Schloß Weißenstein findet, wird vom ehemaligen Barockgarten des berühmten Gartenarchitekten Maximilian von Welsch nichts mehr finden. Dort, wo heute Rehe und Hirsche friedvoll unter herrlichen, gewaltigen Baumgruppen äsen, breitete sich einer der prunkvollsten fränkischen Barockgärten aus. Ein Stich von Salomon Kleiner 1728, zeigt, wie prächtig auf der Rückseite des Schlosses ein weit ins Land hineinreichender französischer Garten angelegt war. Vor dem Schloß befand sich eine Aussichtsterrasse, von der eine Prachttreppe zu einer Gartenplattform führte, bestehend aus einem zweistufig abgesetzten Parterre, zu dem eine Neptunkaskade geplant war, von vier Broderiestücken und von zwei Kompartimenten umgeben, in denen im Sommer Orangenbäumchen aufgestellt waren. Der mainzisch-bambergische Baudirektor von Welsch hatte die Wasserspiele entworfen. In der seitlich des Schlosses angelegten Orangerie wurden zeitweise dreitausend Orangen geerntet.
Aufwendige Treppenläufe führten von Terrasse zu Terrasse. Auf der zweiten Terrasse befand sich in der Mitte ein Fontänebassin, von Kugelbäumchen umgeben. Die dritte Terrasse – sie wurde wahrscheinlich nie gebaut – sollte in der Mitte von einem Gartenpavillon abgeschlossen werden, davor zwei regelmäßig gestaltete Weiher. Alles erinnerte an den Wiener Belvederegarten. Wie bei so vielen Schloßparks folgte man den Moden der Zeit und änderte die französische Gartenanlage. Auch die nötige aufwendige, Pflege mag daran Schuld gewesen sein, daß man bereits 1786 den Park in einen Englischen Garten umgestaltete. Diese Konzeption finden wir noch heute: Wiesen schwingen sich vom Schloß den Hang hinunter, malerisch sind Baumgruppen in die Landschaft komponiert, ein Weiher, umsäumt von alten Weiden er-

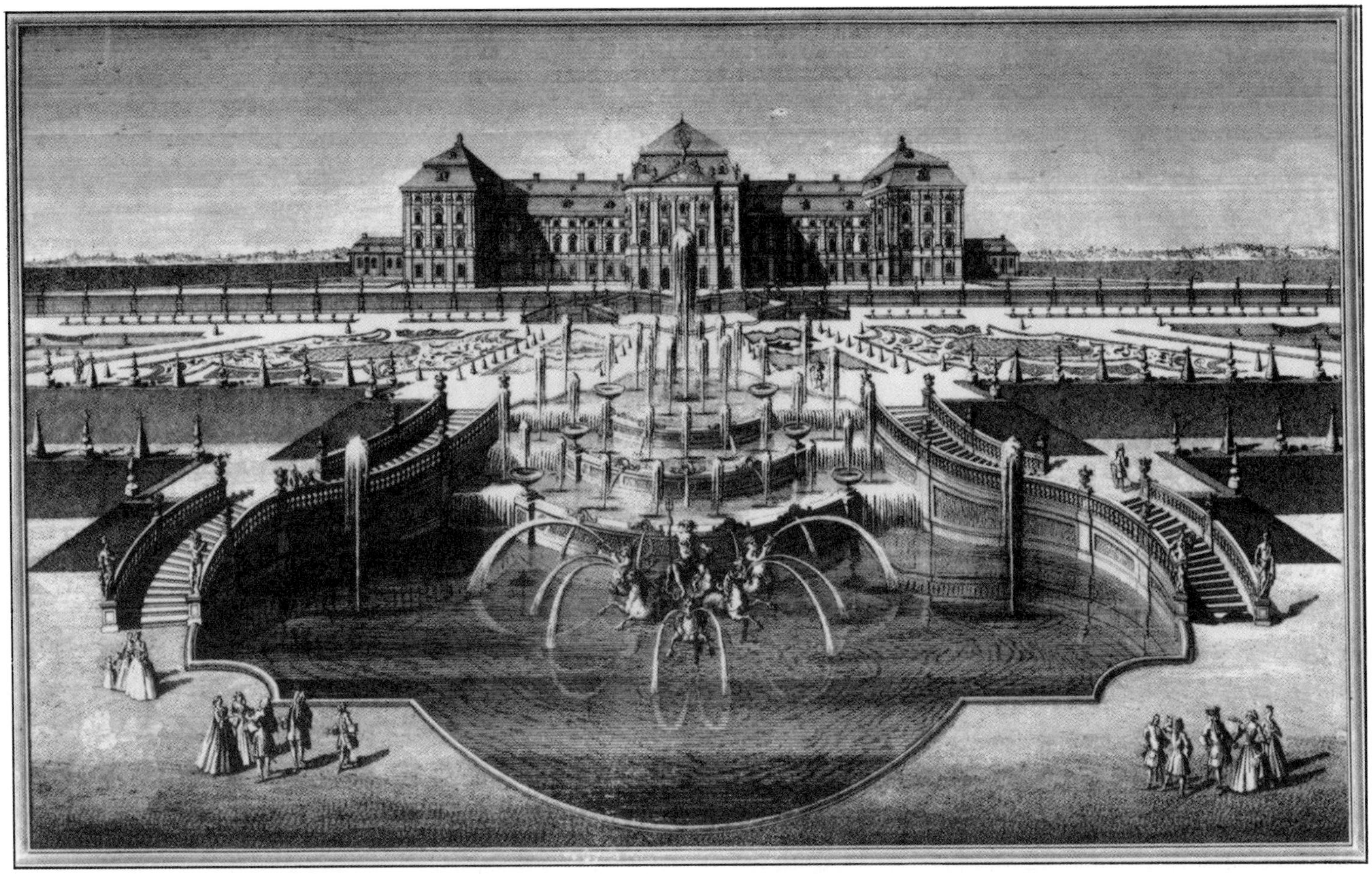

streckt sich im Grunde, und auf ihm ziehen Schwäne, tummeln sich Enten.
Man versteht, warum Pommersfelden beliebtes Ausflugsziel der Romantiker war. So reisten die Dichter Wackenroder und E.T.A. Hoffmann hierher, und der Spätromantiker Karl Spitzweg wohnte zeitweise dort.
Wenn man den Park verläßt, an der Eingangsfront des Schlosses steht und über das schlichte, viergeteilte Parterre zum Prachtbau Lothar Franz von Schönborns schaut, dann sollte man ein kurzes Gedenken für den Erzbischof und Kurfürsten einlegen, einem geistvollen, begabten Bau- und Gartenschöpfer seiner Zeit. Die von ihm ersonnenen Gartenbilder in Gaibach, Pommersfelden, Seehof und Mainz (Favorite) hatten einst kaum ihresgleichen, und es ist fast schon tragisch zu nennen, daß nicht eine seiner Gartenschöpfungen erhalten blieb.

ROSENGARTEN BAMBERG

Drei große Namen sind mit dem Rosengarten in Bamberg verbunden: Friedrich Carl von Schönborn als Bauherr, Balthasar Neumann als Gartenarchitekt und Ferdinand Dietz als Schöpfer der anmutigen Gartenfiguren. Mit 0,3 Hektar zählt der Garten wohl zu den kleinsten in Franken, aber was da auf kleiner Fläche alles geboten wird, ist wahrlich ansprechend. Da wachsen auf den mit Buchshecken eingefaßten Beeten 4500 Rosen, 49 verschiedener Sorten. In dieser Rosenpracht stehen verspielt die liebenswerten Figuren des

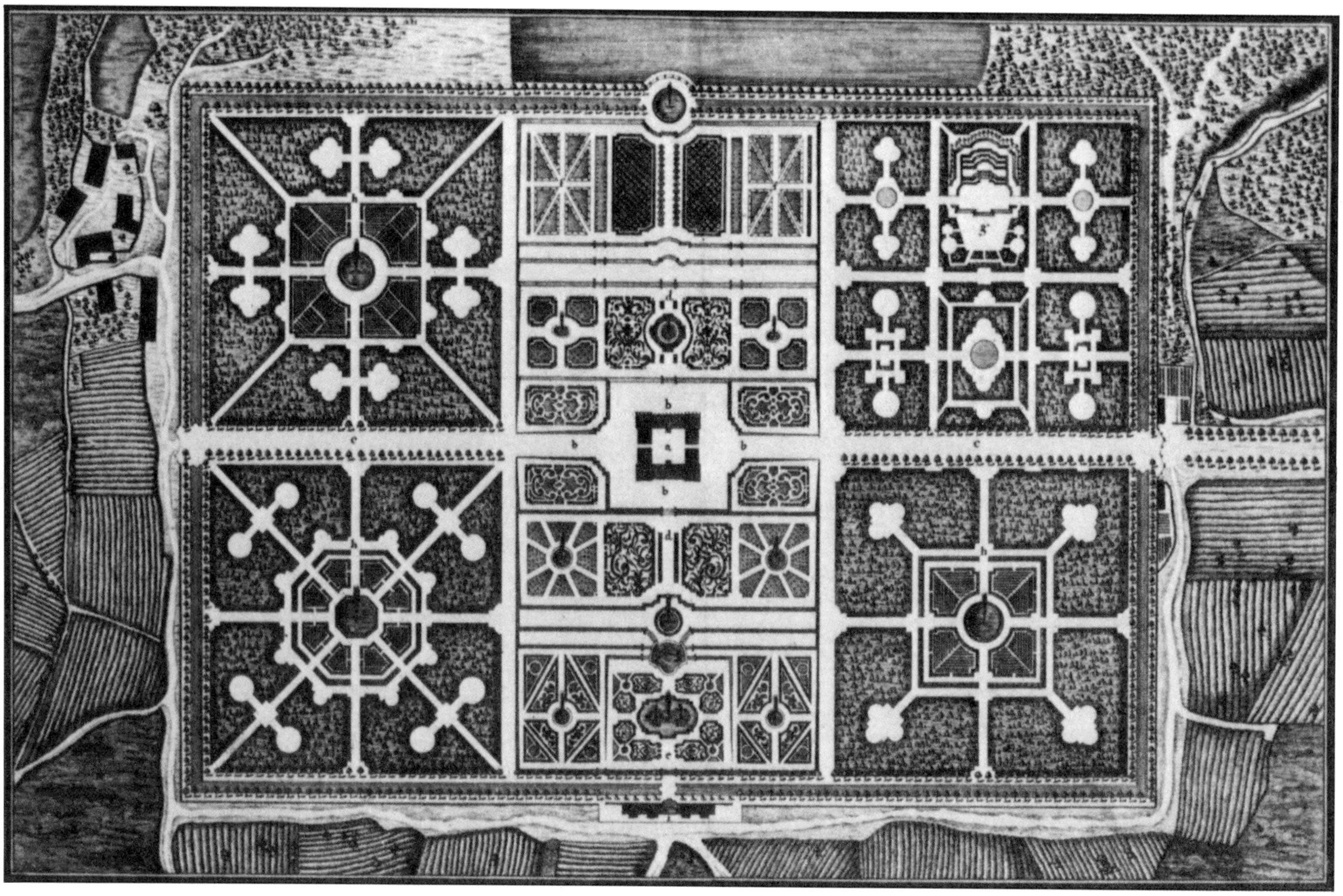

Salomon Kleiner, Grundriß von Seehof 1731. Gemessen an dem relativ kleinen Schloß in der Mitte, ist der Garten viel zu groß.

Ferdinand Dietz, 1761 aufgestellt, und über Rosen hinweg geht der Blick zum imposanten Panorama der ehemaligen Benediktinerabtei St. Michael.

Angefangen mit dem Bau des Gartens hatte Fürstbischof Lothar Franz von Schönborn, der beim alten Renaissancegarten von 1610 zunächst die hohe Mauer zur Stadt hin erneuerte und später auch noch die Balustrade bauen ließ. Sein Nachfolger Friedrich Carl von Schönborn schuf schließlich den im Hof der Neuen Residenz gelegenen Rosengarten, zu dem Balthasar Neumann die Pläne lieferte. Von drei Seiten vom Schloß umgeben, ist das Terrain in vier Felder eingeteilt. In der Mitte, am Schnittpunkt zweier Wege steht der von niederen Linden umgebene Brunnen. Eine einfache Komposition, und doch hat alles ein Flair von bezauberndem Reiz. Im Sommer, im kühlen Schatten der Linden sitzend, dem Plätschern des Brunnens lauschend, von einer betörenden Duftsymphonie Tausender von Rosen umgeben, wird man enthoben von Raum und Zeit.

MEMMELSDORF — SEEHOF

Beim Garten von Schloß Seehof begegnen wir wie in Pommersfelden wieder Lothar Franz von Schönborn und Maximilian von Welsch. Lothar Franz übernahm von seinem Amtsvorgänger, dem Bamberger Bischof

Salomon Kleiner, Vedute des Gartentheaters 1731

Marquard Sebastian Schenk zu Stauffenberg, nicht nur die »Marquardsburg«, er baute auch entschieden den Garten aus, den Marquard mit einer »fürstlichen Allee« begonnen hatte. Unter Welschs Regie wurde 1699 die Nord-Südachse mit Kastanienbäumen bepflanzt, nach 1700 die einzelnen Quartiere angelegt, und als Lothar Franz 1729 starb, war die Arbeit immer noch nicht beendet.

Friedrich Carl von Schönborn ging dann in die großen Dimensionen. Er ließ eine zehn Kilometer lange Sichtschneise bis zur fürstbischöflichen Residenz in Bamberg schlagen, eine der großartigsten Landschaftsgestaltungen des Barock. Im Osten errichtete er eine Orangerie (Balthasar Neumann) und verbesserte die Wasserkünste. Um das Schloß legte er Parterrefelder an und begann Gartenskulpturen aufzustellen.

Im wahrsten Sinne des Wortes erreichte der Garten seine Vollendung unter Adam Friedrich von Seinsheim, Bischof von Bamberg und Würzburg. Er legte an der Westseite des Gartens die Hauptstiege mit der Kaskade an, errichtete neue, phantastische Wasserspiele, ließ Heckenbosketts und Irrgärten anlegen und eine verschwenderische Fülle von Gartenplastiken aufstellen.

Drei Jahre lang baute man an der großen Kaskade. Sie wurde von Treppen eingerahmt, und Ferdinand Dietz lieferte dazu noch reichen Figurenschmuck. Seit

Jahren wird an der Restaurierung gearbeitet, und es ist zu hoffen, daß man bald wieder eine Vorstellung der beeindruckenden Anlage bekommt.
1771 hatte man Skulpturengruppen in den Weihern aufgestellt – Orpheus spielt noch heute dort auf der Leier. Natürlich wurden das für die damalige Zeit typische Heckentheater und ein Labyrinth angelegt, bestückt mit Figuren von Ferdinand Dietz.
Damit aber dürfte die splendide, großartige Prachtentfaltung ein Ende gefunden haben; denn der überaus sozial eingestellte Fürstbischof Franz Ludwig von Erthal, der zur Macht kam, beschränkte sich nunmehr lediglich auf die notwendigen Reparaturen. Er ließ 367 Figuren in Schuppen abstellen und schließlich versteigern.
Mit der Säkularisierung begann dann massiv der Untergang. Skulpturen wurden verschleudert, so daß schließlich von den über 400 Figuren und anderen Gartenplastiken nur noch ein völlig unbedeutender Rest übrig blieb. 1945 wüteten Besatzungssoldaten barbarisch. So wurde aus einem der am reichsten mit Figurenschmuck ausgestatteten Gärten des 18. Jahrhunderts ein verwilderter, seiner Plastiken fast völlig beraubter Park. Hätten wir nicht Veitshöchheim mit der faszinierenden, einmaligen Dietzschen Figurenwelt, wir hätten keine Vorstellung mehr von all der vergangenen Pracht. Heute erinnert lediglich Neptun an der Kaskade, wenn auch in vergröberter Fassung, an die vielen Statuen, Putten und Vasen, die einst spätantike Arkadienstimmung hier vermittelten.
Die reichste Kunst des Rokoko ist nicht mehr, aber mit Phantasie kann man heute, wenn man zwischen der Kaskade und den verträumten Weihern steht, etwas von seiner entrückenden Stimmung erfahren.

DIE EREMITAGE – SANSPAREIL – FANTAISIE

Ein Gartenland par excellence ist Bayreuth und seine engere oder weitere Umgebung. Was Lothar Franz von Schönborn für die Gartenkunst in Unterfranken bedeutet, war die Markgräfin Wilhelmine von Bayreuth (1709–1758), die Lieblingsschwester Friedrich des Großen, für Oberfranken. Waren Gaibach, Pommersfelden und Seehof Glanzpunkte fränkischer Gartenkunst vom Fürstbischof inspiriert, so waren es der Hofgarten Eremitage, Sanspareil und Fantaisie, die dem Geist der Markgräfin entsprangen. Dazu kommt, daß die mit weitem Abstand frühesten Landschaftsgärten Deutschlands, des Kontinents von Wilhelmine angelegt wurden.

Hofgarten Eremitage

Unweit von Bayreuth kaufte der regierende Markgraf 1616 ein Waldgelände, umfaßt von einer Schleife des

Roten Mains. Fünfzig Jahre später ließ Markgraf Christian Ernst einen Tiergarten anlegen, den Markgraf Georg Wilhelm ab 1712 in einen Schauplatz höfischer Eremitenspiele verwandelte. Der Hof ahmte unter Leitung des Markgrafen als Superior das einfache Leben und die Regeln eines Eremitenordens nach, kleidete sich in Mönchsgewänder, schlief in kahlen, winzigen Zellen, mit denen das 1715–1718 erbaute Alte Schloß ausgestattet war. Man aß mit Holzlöffeln aus irdenem Geschirr. Man mußte Stillschweigen bewahren und sich tagsüber in hölzernen Einsiedeleien aufhalten. Diese Einsiedeleien lagen verstreut im Wald; sie waren mit Pfaden in unregelmäßigen Krümmungen verbunden, eine Anlage, die für die Barockzeit einmalig war und erst später im englischen Landschaftsgarten üblich wurde. All das erregte Befremden, was aus den Zeilen des Fürstbischofs Lothar Franz von Schönborn von 1718 herausgelesen werden kann: »Man bauet zu Bareith ein dolles eremitage« und drei Jahre später schrieb Lieselotte von der Pfalz, Herzogin von Orléans: »L'esprit de vertige regirt woll ahn dießem hoff – auch mitt ihrer einsideley.« Sentimentale Weltflucht, Sehnsucht nach einfachem Leben in der Einsamkeit und Überdruß am prunkvollen, strapaziösen höfischen Leben, all dies veranlaßte den Markgrafen zur Errichtung seiner Eremitage.

Als Markgraf Friedrich 1735 das Land erbte, schenkte er seiner Gemahlin Wilhelmine den Park, das Alte Schloß und die Einsiedeleien. Die Ausgestaltung des Parks betrieb die Markgräfin sofort mit Leidenschaft und Sachverstand.

Im 18. Jahrhundert erlebte die Ruinenbegeisterung einen ersten Höhepunkt. Die Ruine war ein Symbol der Vergänglichkeit. Krankheit, Enttäuschung führten bei Wilhelmine immer mehr zu Empfindsamkeit, und so gab es in der Eremitage mehr künstliche Ruinen als in einem anderen Garten jener Zeit in Deutschland. Da war die Ruine eines Portals, die Ruine eines Tempels, eine antike Ruine als Grabmal für den Lieblingshund der Markgräfin, mitten im Wald die römische Ruine des »Tempels des Schweigens« und ein Ruinentheater. Dazu kam eine Untere Grotte, eine Obere Grotte und als Gartenstaffage, wahrscheinlich noch zu Lebzeiten der Markgräfin, der Umbau einer Menagerie in ein Lustschloß, um ein großes Bassin herumgebaut, in dem zwei große Tritonengruppen sowie acht Fabelwesen mit Delphinen und Putten insgesamt 56 Wasserstrahlen aussenden. Das Neue Schloß in der Eremitage entstand zwischen 1749 und 1753.

Der Garten wies wohl einzelne Elemente einer Barockanlage auf, es fehlte ihm aber eine übergeordnete Gliederung durch ein Achsensystem und der architektonische Bezug der einzelnen Gartenelemente. Viele Elemente späterer Landschaftsgärten wurden vorweggenommen; unter Wilhelmines Anweisung und Auf-

sicht entstand ein einmaliger Zaubergarten voller Überraschungen, ein Garten, der sich vom Schloß emanzipierte und zukunftsweisend wurde.
Nach dem Tode des Markgrafenpaares wurde der Park im englischen Stil umgewandelt, und unter Markgraf Christian Friedrich Carl Alexander (1769—1791) wurde dann der Garten mit einer Vielzahl von Staffagen ausgestattet. Nach dem Verzicht des Markgrafen 1791 zugunsten Preußens auf den Thron, wird der Park endgültig in einen Landschaftspark umgestaltet.
Beim Besuch des Gartens heute, können wir den Geist des vom Untergang gezeichneten Absolutismus spüren in all dem Kuriosen, Verfallenden, Effekthaschenden, Sentimentalen und Aufklärerischen.

Felsengarten Sanspareil

1744 erwarb Markgraf Friedrich ein Gelände bei der Burg Zwernitz mit Buchen und grandios-skurril geformten Felsblöcken, um zunächst eine Art Wildgehege zu schaffen. Aber bald schon nahm die Markgräfin die Planung in die Hand und übertrug die Schauplätze des beliebten und weit verbreiteten Bildungsromans »Die Abenteuer des Telemach« des französischen Schriftstellers Fenelon in die Landschaft. Sie sah im wilden Felsenhain die Zauberinsel Ogygia, stellte sich hier die Abenteuer und Versuchungen des jungen Telemach vor, der den Pfad der Tugend nicht verließ. Alles Urwüchsige beließ Wilhelmine, nur die moralisierende Grundidee wurde von der Markgräfin bei der Anlage des Abenteuerpfades eingebracht. Dieser führte vorbei an Grotten und Klippen, ging durch Felsentore, über Treppen und Brücken. Da gab es dann eine Mentorgrotte, eine Vulkanhöhle, eine Dianagrotte, einen Pansitz, eine Aeolus- und eine Sibyllengrotte und anderes mehr. Ohne unmittelbaren Zusammenhang mit dem literarischen Programm wurde zwischen 1746 und 1748 nach Plänen Joseph Saint-Pierres, der auch die Pläne für das Neue Schloß in der Eremitage schuf, ein Felsentheater und der Morgenländische Bau als Schlößchen samt Küchenbau und Kavaliershäuschen errichtet. Zwischen diesen Bauten lag ein kleines Parterre, das heute rekonstruiert, mit seinen barocken Zierformen aus Blumen, Buchs und farbigem Kies die Besucher begeistert. 1746 erhielt der Felsengarten offiziell den Namen »Sanspareil«, zu deutsch »Ohnegleichen«. Ohnegleichen ist bis auf den heutigen Tag das einzigartige, kulturhistorische Dokument der Aufklärungszeit geblieben, in dem die Natur selbst die Baumeisterin war.

Johann Gottfried Köppel, Sanspareil — Vulkanhöhle, 1793

Park Fantaisie

Wenn Wilhelmine ihr letztes Werk, Schloß und Park Fantaisie auch nicht beenden konnte, so dürfte doch viel der großartigen Konzeption von ihr stammen. Im westlich von Bayreuth gelegenen Donndorf ließ sie im Sommer 1758, wenige Monate vor ihrem Tod, den Bau des Schlosses Fantaisie und dessen Park beginnen. Anregungen der italienischen Reise des Markgrafenpaares sollten im zuletzt geplanten Werk ihren Niederschlag finden.

Wie bei Sanspareil fand Wilhelmine bizarre, die Phantasie anregende Felsgebilde des Frankenjuras vor, dazu kam noch eine anmutige Landschaft und eine Terrasse, die einen großartigen Landschaftsblick bietet, wie man ihn kaum in einem fränkischen Park mehr findet. Tief unten liegt der Talmühlweiher mit einem Fischerhäuschen, umrahmt von herrlichen Wäldern.

Wer heute treppauf, treppab durch den Park geht — der Höhenunterschied zwischen Schloß und Tal ist sehr groß —, kann einen besonders wertvollen Baumbestand bewundern. Da gibt es malerisch gewachsene Einzelexemplare von Eiche, Rotbuche, Ahorn, Linde und Ulme, aber auch Gingko, Magnolie, Stechpalme, Mammutbaum, Trompetenbaum und Götterbaum sind zu finden.

Was nicht mehr zu sehen ist, ist die große Kaskadenanlage, die einst der Kernpunkt des Gartens war und heute fast verfallen ist. Der dazugehörende Neptunsbrunnen blieb zum Teil erhalten. Er ist monumentaler Mittelpunkt eines Triumphzuges des Gottes Neptun, den die Gebrüder Räntz bei ihrem Umzug nach Berlin unvollendet zurückließen. Es ist anzunehmen, daß der Auftrag an die Gebrüder Räntz noch auf die Markgräfin Wilhelmine zurückgeht. Ihre Tochter, die Herzogin Friederike von Württemberg, leitete dann ab 1797 eine zweite Bauphase ein. Unter ihr entstand ein frühromantisch-sentimentaler Landschaftspark mit vielen Staffagen, die über den Park verteilt sind. In gefühlvollen Inschriften auf verschiedenen Denkmälern wird das Andenken an Verwandte und Freunde bewahrt. Viel von der romantisch-sentimentalen Stimmung der Zeit blüht und wuchert in der gefühlsträchtigen Gartenwelt.

Der Titel »Die Fantaisie, ein Gemälde der Natur und der Tugend«, so ein Buch des preußischen Offiziers J. E. C. von Reiche drückt 1796 das aus, was man damals im Park sah.

Zu romantischer Poesie regte der Park vor allem Jean Paul an, für den die Fantaisie »der erste Himmel« war. Im »Siebenkäs« hat der Dichter dem Park ein Denkmal gesetzt. In einem Brief an seinen Freund G. Ch. Otto schrieb er: »Die Szene mit Natalie in der Fantaisie liegt wie eine sanfte Mondnacht auf mir und ich freue mich, wenn ich einmal in Bayreuth die Stätten besuchen werde...«. Im Gianozzo, wo Fantaisie ebenfalls erkennbar ist, schreibt er: »Um 12 Uhr sank ich in Fantaisie zum Essen nieder. Blühendes, tönendes, schattendes Tal! – Wiege der Frühlingsträume! Geisterinsel des Mondlichts!« Wen wundert es da nicht, daß in dieser poetischen Landschaft Richard Wagner manchmal wandelte und seine »Götterdämmerung« komponierte!

Mit Fantaisie ist die überaus romantische Geschichte, das Märchen der Frau von Meyernberg verbunden. Sie wird hier aus Quellen des Heimatschriftstellers Karl Meier-Gesees wiedergegeben.

Die Geschichte trug sich so zu: Amalie Katharina Pfennigkäufer wurde als Kind armer Leute in Hessen geboren. Vater und Mutter starben früh, und so wurde die Vollwaise auf Bauernhöfe gegeben. Eines Tages kam der reiche Frankfurter Bäcker Kirsch an einer Wiese vorbei, wo das schöne Kind die Gänse hütete. Erbarmen mit dem Kind erfaßte den Bäcker, und so nahm er es mit nach Frankfurt. Dort trug die Hübsche

Brötchen aus und erhöhte den Umsatz, man sprach allseits von der »schönen Bäckerin«. Der Sohn des Bäckers verliebte sich in sie, der Vater heiratete die Achtzehnjährige. Am Tage der Hochzeit erschoß sich der Sohn. Sieben Jahre später kam Herzog Alexander von Württemberg, Stadtgouverneur von Bayreuth und Besitzer des Schlosses Fantaisie nach Frankfurt, hörte von der schönen Bäckerin, besuchte sie und entschloß sich sie zu entführen. Er kaufte sie frei und bezahlte für die Flucht 25 000 Gulden, mehr als heute 250 000 Mark. Nachdem er sie in adeligen Kreisen in Frankreich und Italien hatte erziehen lassen, wurde sie ihm 1868 angetraut. Alexander schenkte seiner Gemahlin das Schloßgut Meyernberg, und man feierte sie auch als Herrin des Schlosses Fantaisie; man pries sie als Glück und Glanz der Fantaisie. Ihr Charme und ihre Anmut müssen groß gewesen sein. Der Sohn Alexanders verliebte sich in die Frau des Vaters und wendete sich enttäuscht von diesem ab.

Während des Winters residierte Herzog Alexander in Bayreuth, und die vornehme Gesellschaft begegnete der einstigen Gänsemagd mit Zurückhaltung. Sie aber blieb für den Fürsten der Vogel im goldenen Käfig, sie blieb ihm treu bis zu seinem Tod. Als Witwe veranstaltete sie im Reitzenstein-Herzogpalast in Bayreuth Rokokofeste, blieb aber auch dem Schloß Fantaisie treu verbunden. Sie nahm sich der Notleidenden an und bedachte in ihrem Testament in einer Stiftung begabte Studenten und begabte Töcher armer Eltern.

Fantaisie, romantisch erdacht, romantisch poetisiert, romantischer Hintergrund einer märchenhaften Lebensgeschichte, ist ein Kleinod in der fränkischen Gartenlandschaft. Viel gibt es dort noch wiederherzustellen, so den Neptunsbrunnen und die Kaskade. Das Engagement des Förderkreises Schloß Fantaisie verleiht die berechtigte Hoffnung, daß hier das letzte geistige Vermächtnis der Markgräfin Wilhelmine erhalten und sorgfältig gepflegt wird.

GLOSSAR

Allegorie: Sinnbild, Gleichnis

Belvedere, Bellevue: Architektonisch gestalteter Aussichtspunkt.

Boskett: Hecken- und Niederwaldbereich des Gartens mit wandartig beschnittenen Buchsbaumhecken, die sich zu Räumen, bisweilen Irrgärten zusammenschließen.

Bowlinggreen: Vertieft gelegene Rasenfläche. Die Rasenstücke können auch in Mustern ausgelegt sein.

Broderie: Einfassung

Entree: Eingang

Eremitage: Nachahmung einer Einsiedelei in Parkanlagen des 18. Jahrhunderts.

Fasanerie: Eingegrenztes Waldstück zur Haltung und Jagd von Fasanen.

Galerie: Langgestreckter Promenaden- und Aussichtsgang.

Glacis: Vorfeld einer Befestigungsanlage.

Kabinett: Intimer, durch künstlichen Schnitt von Buchsbaumhecken geschaffener Raum.

Kompartiment: abgeteiltes Feld

Orangerie: Gebäude zur Aufnahme empfindlicher Gewächse (z. B. Orangenbäumchen) während kalter Monate.

Parnaß: Musenberg, Reich der Dichtkunst.

Parterre: Ornamental gestaltete Beetfläche, unmittelbar vor dem Schloß gelegen.

Quartier: Abgeschlossener Bereich eines Gartens wie Parterre, Boskette, Wildgehege usw..

Szenerie: Theatralisch angeordnetes Landschaftsbild.

Treillage: Hölzernes Flechtgerüst.